AF498122

LE
SYSTÈME MONÉTAIRE

LE SIMPLE ET LE DOUBLE ÉTALON

PAR

M. MICHEL CHEVALIER

EXTRAIT DE LA *REVUE DES DEUX MONDES*

LIVRAISON DU 1ᵉʳ AVRIL 1876

PARIS

IMPRIMERIE DE J. CLAYE

RUE SAINT-BENOIT

1876

LE

SYSTÈME MONÉTAIRE

LE SIMPLE ET LE DOUBLE ÉTALON.

On parle beaucoup aujourd'hui du système monétaire et des combinaisons qu'il doit offrir pour le plus grand avantage du commerce et la sûreté des transactions. Le sénat s'en est occupé dans la séance du 21 mars. On discute spécialement une question qui s'appelle celle du simple ou du double étalon. On verra bientôt en quoi elle consiste. Ce ne sont pas les seuls théoriciens qui échangent leurs idées à cette occasion, le monde des affaires s'en montre préoccupé. Le métal argent est affecté d'une forte baisse qui pourrait bien s'aggraver, et ce fait brutal a modifié brusquement les rapports entre les débiteurs et les créanciers dans les pays où ce métal est la base du système monétaire, et par réaction il trouble les autres pays.

Les questions qui concernent les monnaies ne sauraient être regardées d'un œil indifférent par personne, car elles touchent aux intérêts de tout le monde, à ceux du pauvre comme à ceux du riche. Elles sont dignes de la vive sollicitude des hommes d'état qui ont pour mission de veiller au maintien et au développement de la prospérité publique, et d'écarter du chemin des peuples tout ce qui pourrait y porter préjudice. Des esprits supérieurs qui ont consacré une partie de leur vie à étudier et à écrire l'histoire ont signalé les désordres monétaires comme un des plus grands fléaux que puisse subir une nation industrielle. Macaulay a, sur ce sujet, des pages éloquentes.

I.

Avant de s'engager dans un débat sur les monnaies, il est bon de s'entendre sur le sens exact des mots qu'on y emploiera. Disons d'abord ce que c'est que la monnaie. Ces disques d'or ou d'argent sont des marchandises aussi bien que peuvent l'être du fer, ou du plomb, du blé ou de la viande. C'est parce que les pièces de monnaie sont des marchandises que, dans toutes les contrées, on les accepte sans conteste ni hésitation en paiement quand on vend, ou on les donne avec la certitude qu'elles seront reçues quand on achète. Dans ces opérations, elles figurent juste en quantités telles que ce soit l'équivalent exact de la chose achetée ou vendue.

Nul, dans les temps modernes ni dans les temps anciens, n'a défini la monnaie mieux qu'Aristote, dont voici les paroles :

« On convint, dit-il, de donner et de recevoir dans les échanges une matière qui, utile par elle-même, fût aisément maniable dans les usages habituels de la vie; ce fut du fer par exemple, de l'argent, ou telle autre substance dont on détermina d'abord la dimension et le poids et qu'enfin, pour se délivrer des embarras d'un continuel mesurage, on marqua d'une empreinte particulière, signe de sa valeur. »

En un mot, les pièces de monnaie sont des lingots de métal et fonctionnent en cette qualité; mais ces lingots sont certifiés par l'état. Le certificat est rendu apparent par l'empreinte que seul le gouvernement a le droit de donner aux métaux précieux. Le certificat résulte aussi du contrôle que le gouvernement exerce à ses frais sur la fabrication de la monnaie (1), afin que chaque pièce en particulier ait le poids et le titre spécifiés par la loi. On désigne par le mot *titre* le degré de finesse du métal, c'est-à-dire la proportion du métal pur qu'offrent les espèces monnayées. En France, ce degré s'exprime indifféremment en dixièmes ou en millièmes. Les monnaies françaises sont au titre de 9 dixièmes ou de 900 millièmes (2) et cette proportion se répand de plus en plus dans le monde civilisé. Il suit de ce qui précède que c'est une locution inexacte de dire que la monnaie est un signe : elle est bel et bien une substance qui figure dans chaque transaction à titre d'équivalent de l'objet acheté ou vendu.

Dans chaque état, on adjoint aux monnaies proprement dites des

(1) Le monnayage, en France et dans la plupart des pays, se fait à l'entreprise par des entrepreneurs d'industrie qu'on appelle directeurs, et qui sont tenus de monnayer les matières que les particuliers leur apportent en prélevant pour leurs frais une très petite fraction, fixée par l'état, de ces matières.

(2) On ne peut employer au monnayage l'or et l'argent à l'état de pureté. Ces métaux, quand ils sont purs, sont mous et s'usent facilement; l'alliage les durcit.

pièces qui ne sont pas des équivalens, et qui par cette raison ne doivent pas être rangées dans la monnaie même. C'est ce qu'on appelle du billon. La destination du billon est de servir 1° d'appoint dans les paiemens de quelque importance qui ne se règlent pas en sommes rondes, 2° de moyen de paiement dans les menues transactions de la vie domestique. Il y a du billon en cuivre, il y en a hors de France, en nickel, il y en a même en argent. Depuis le 27 juillet 1866, toutes les pièces françaises en argent, autres que celles de 5 francs, sont du billon. Cinq pièces de 1 franc ou deux de 2 francs plus une de 1 franc ne contiennent pas la même quantité d'argent qu'une pièce de 5 francs. Les gouvernemens trouvent dans l'émission du billon, qui leur est exclusivement réservée, l'occasion de gagner quelque chose, ce qui les a maintes fois portés à en émettre trop et à en exagérer l'usage. Le billon serait de la fausse monnaie si l'on n'avait limité strictement par la loi l'emploi qu'on en peut faire dans les paiemens, à une somme peu élevée (1).

Le mot étalon a été introduit dans la langue monétaire pour indiquer une pièce de monnaie déclarée invariable en substance et en teneur, et à laquelle se rapporte la valeur de toutes les autres pièces de monnaie, y compris celles qui seraient d'un autre métal. La loi française dit que l'unité monétaire est le franc, qui consiste en 5 grammes d'argent au titre de neuf dixièmes; cette pièce de 1 franc est l'étalon de nos monnaies, quoiqu'elle ait disparu de la circulation depuis la loi du 27 juillet 1866, en vertu de laquelle les pièces de 1 franc sont du billon et fabriquées en conséquence. L'étalon se retrouve parfait, mais multiplié par 5, dans la pièce d'argent de 5 francs.

Le régime du simple étalon est celui où le pouvoir de constituer l'étalon monétaire sous les conditions d'un poids et d'un titre fixes est reconnu par la loi à un seul métal. Si la loi confère cette puissance à la fois aux deux métaux précieux, l'or et l'argent, il s'ensuit nécessairement qu'on établit un rapport fixe de valeur entre l'un et l'autre, car les pièces d'argent se rapportent à une pièce fixe d'or en même temps que les pièces d'or se rapportent à une pièce fixe d'argent. C'est ainsi qu'aujourd'hui en France le système du double étalon, qu'un certain nombre de personnes prétendent être établi par la loi, et qui jouit de l'existence de fait, revient à ceci, qu'entre l'or et l'argent monnayés il existe, à tort, un rapport de valeur permanent, immuable, représenté par le chiffre 15 1/2.

Le système du double étalon ne doit pas être confondu avec celui de deux monnaies légales, l'une en or, l'autre en argent; il est indubitable que le législateur français, tout en ne voulant

____

(1) La loi française dit cinquante francs; elle eût mieux fait de dire moins.

qu'un étalon qui est en argent, a voulu deux monnaies légales. Les deux métaux en effet, en vertu de la loi régulièrement interprétée, sont admis à circuler l'un à côté de l'autre et à payer, l'un aussi bien que l'autre, toute dette, quel qu'en soit le montant; mais la loi ne reconnaît de fixité qu'aux pièces de monnaie d'argent. Les pièces de 20 et de 40 francs, les seules qu'on fit d'abord, pouvaient et devaient, dans la pensée du législateur, varier de teneur conformément aux variations respectives des deux métaux dans le commerce, afin qu'elles fussent toujours l'équivalent de 20 ou de 40 francs en argent.

Ces préliminaires posés, essayons d'introduire le lecteur dans la discussion qui s'est engagée par la force des choses, et où les intérêts de la France entre autres sont fortement en jeu. Depuis le rétablissement de la paix, il y a soixante ans, l'Europe est en enfantement d'une organisation monétaire supérieure à celle d'autrefois. La grande variété des monnaies qui y circulaient et qui était un obstacle aux transactions, outre que c'était un grand ennui pour les voyageurs, tend à disparaître. Elle a fait place déjà à un nombre beaucoup moindre. On ne désespère même pas d'arriver un jour à une monnaie qui serait uniforme pour tous. Malheureusement ce dessein, très séduisant en soi, rencontre chez plusieurs nations du premier ordre des préjugés nationaux enracinés et intolérans, qui en retarderont l'accomplissement pendant bien des années encore, quelque simplification qu'on doive en attendre pour les opérations internationales du commerce, qui deviennent si étendues. Les Anglais tiennent extrèmement à leur livre sterling; les Américains sont amoureux de leur dollar; les Allemands, qui avaient de l'attachement pour leur florin ou leur thaler, ont consenti à se défaire de l'un et de l'autre, mais pour s'éprendre d'une nouvelle unité, le *marc*, qui est différente de toutes celles qu'ont les autres états. Les Scandinaves ont commis la même faute. Toutefois le mouvement de concentration est tel que, au lieu de trente systèmes monétaires, on n'en a plus que cinq ou six en Europe et dans l'ensemble de la civilisation occidentale ou chrétienne; mais on devrait n'en avoir qu'un, et l'on y tend bon gré mal gré.

La France a pris part à la transformation qui a eu lieu par l'association monétaire qu'elle a formée le 23 décembre 1865 avec trois états continentaux qui sont ses plus proches voisins, l'Italie, la Belgique et la Suisse. On y a même joint un petit pays, séparé de nous par une distance considérable, la Grèce, qu'on a accepté apparemment pour être plus en nombre, quoiqu'à cause de son état économique elle n'ajoute aucune force à l'association, et que même elle puisse la compromettre. Cette association s'appelle l'union latine. Les états qui y sont avec nous ont adopté notre système monétaire de fait. Ils sont convenus de donner le cours légal chez eux aux pièces d'or et d'argent fabriquées chez leurs associés. Les menues pièces d'argent, celles de 2 francs, 1 franc, 50 centimes, qui ne sont que du billon, jouissent même de cette faveur, ce qui peut être qualifié d'abusif. Tous les ans, les états, en cela confédérés, tiennent une conférence où ils se mettent en présence de l'acte qui les régit et dont depuis quelque temps la pratique leur cause de l'embarras.

Aux termes de la convention, la donnée sur laquelle se règle, dans l'union latine, la fabrication respective des pièces d'or et des pièces d'argent composant un même nombre de francs est qu'un kilogramme d'or est l'équivalent absolu de 15 kilogrammes 1/2 d'argent. C'est en effet, à peu de chose près, sur ce pied que s'échangeaient sur le marché général de l'Europe les lingots de l'un des deux métaux précieux contre ceux de l'autre en 1865, quand se constitua l'union latine (1). On oublia, en rédigeant la convention, qu'il n'y avait dans la nature des choses aucune raison pour que ce rapport de 1 à 15 1/2 entre l'un et l'autre métal subsistât indéfiniment et même pour qu'il ne fût pas profondément troublé. Il est pourtant évident que, si l'on voulait assurer de la durée dans un système monétaire composé des deux métaux précieux, le rapport entre la valeur attribuée à un même poids en pièces de monnaie respectives devait se conformer à la valeur respective des lingots, puisque dans les opérations commerciales les monnaies ne sont que des lingots certifiés qui s'échangent contre les autres marchandises en proportion de leur valeur courante. On avait donc inscrit dans la convention un principe contraire à l'ordre naturel des choses, et le malheur voulut qu'au moment même où l'on signait la convention, la valeur relative des deux métaux se mît à changer. L'argent éprouva par rapport à l'or une baisse sensible, et par conséquent la donnée fondamentale de la convention se trouva aussitôt faussée. Le courant du commerce, qui apporte chaque chose à l'endroit où elle se place avec avantage, apporta, en vertu de sa pente accoutumée, de l'argent dans chacun des états de l'union latine pour l'échanger contre des espèces en or. Ces envois d'argent étaient spécialement dirigés sur ceux de ces états qui avaient beaucoup de monnaie d'or, c'est-à-dire avant tout sur la France. Nous avons donné et nous donnons ainsi un métal valant plus contre un autre qui est déprécié, et notre monnaie tend à n'être plus composée que de ce dernier, l'argent, qui, outre le danger d'une dépréciation imminente, offre l'inconvénient d'une pesanteur incommode. La perspective de cette substitution soulève de vives réclamations.

(1) En réalité, l'or valait un peu moins que 15 fois 1/2 l'argent. En conséquence, l'argent avait été remplacé par l'or dans la circulation de la France.

Les délégués des quatre états de l'union, réunis en conférence, sauf la Grèce, qui n'y paraît pas, se demandent chaque année ce qu'il faudrait faire. Un des délégués de la France, qui avait eu le principal rôle dans l'acte même de la convention, M. de Parieu, a abordé la difficulté de front, et émis l'avis qu'on devait s'attendre à un changement très marqué dans la valeur respective des deux métaux, à cause de l'effort que faisait la population si intelligente et si entreprenante des États-Unis pour extraire l'argent des mines exceptionnellement riches, distribuées en grand nombre dans les vastes territoires récemment annexés à la grande république américaine sur le versant de l'Océan-Pacifique. D'où il conclut que le système monétaire fondé sur l'emploi simultané et parallèle des deux métaux, avec un rapport fixe entre eux, c'est-à-dire le système même adopté par l'union latine, est miné à la base, et qu'il conviendrait de se rallier au programme suivi depuis 1816 par l'Angleterre, qui n'admet plus de monnaie qu'en or, sauf à utiliser l'argent pour en faire du billon.

La proposition de M. de Parieu, quoiqu'elle date déjà de quelques années, et qu'il la renouvelle à chacune des réunions annuelles de la conférence des quatre états, n'a pas encore eu de succès. La Suisse dit oui très résolûment par l'organe de M. Kern, ministre de la Suisse à Paris, et de M. Feer-Herzog, vice président du conseil national, mais elle est seule à tenir ce langage; la Belgique dit non, par deux raisons qui sont au-dessous du médiocre, et l'Italie de même. La majorité des représentans de la France dans la conférence vote comme la Belgique et l'Italie; les hommes qui composent cette majorité, et ont un grand mérite chacun dans sa spécialité, sont médiocrement familiers avec l'économie politique. Tout e qu'il a été possible d'obtenir de la conférence, c'est que dans chacun des états la fabrication des pièces de 5 francs en argent serait limitée à une somme déterminée, et il est juste de dire que cette somme va en décroissant. Pour 1876, ces autorisations sont : France 54 millions, Italie 36 millions, Belgique 10,800,000 francs, Suisse 7,200,000 fr., Grèce 12 millions, total 110 millions au lieu de 150 millions qui avaient été permis en 1875.

Cependant les événemens marchent, et les faits se prononcent de plus en plus, l'argent baisse constamment de valeur, il perd en ce moment 12 pour 100, ce qui est énorme. Les gouvernemens étrangers à l'union latine s'émeuvent; depuis quelques années même ils agissent. Naguère l'Angleterre était la seule avec le Portugal qui eût adopté l'étalon d'or : aujourd'hui le législateur s'est prononcé de même dans des états tous renommés pour les lumières de leurs gouvernemens, et dont plusieurs sont du premier ordre par leur puissance politique et commerciale : l'Union américaine, l'empire

d'Allemagne, les trois états scandinaves, la Hollande. Le système dit
du double étalon, celui qui consiste dans la circulation simultanée et parallèle des deux métaux, avec la circonstance aggravante
d'un rapport indissoluble entre les deux métaux, perd du terrain
chez de grandes nations, de celles même qu'on voudrait y river, ou
même qui font partie de l'union, ainsi que dans des villes apparte-
nant à ces états. Plusieurs de ces pays ou de ces villes, en effet, in-
scrivent parmi les conditions des emprunts qu'ils négocient, ou des
opérations financières auxquelles ils se livrent, la clause que les intérêts seront payés en or. C'est ce qu'a fait l'Italie dans la transaction préparée par le cabinet Minghetti pour l'achat des chemins de
fer dits *Lombards*; c'est ce que pratique la ville d'Ancône, comme
le portent des affiches en ce moment placardées dans les rues de
Paris. La Russie, qui n'a pas adhéré à l'union latine, mais qui a
pour unité monétaire le rouble d'argent, agit de même dans le service de ses emprunts, et il est fort probable que l'Autriche, dans
une émission d'emprunt qu'elle médite, suivra cet exemple.

L'étalon d'or a ainsi, par la force même des choses, cause gagnée
dans le monde civilisé, en dehors de la France. Or c'est un sujet
pour lequel il est impossible à la France de s'isoler, car elle ne le
pourrait qu'en imposant à son commerce avec l'étranger un grand
désavantage. Si elle reste au régime du double étalon, elle servira d'exutoire à la production des mines d'argent, et donnera en
échange son or. Quand elle vendra des marchandises à l'extérieur,
on les lui paiera en métal argent, que l'acheteur étranger se procurera à 12 pour 100 de rabais sur la valeur attribuée audit métal
en France, tant qu'il nous restera de la monnaie d'or circulant parallèlement à la monnaie d'argent. Quand elle achètera, elle aura à
payer en or. Et, pour avoir cet or, après que celui qu'elle possède
aura été épuisé, elle paiera une prime de 12 pour 100.

Lors donc qu'on se place sur le terrain pratique, il semble que
la question du choix à faire entre le régime de l'étalon unique d'or
et celui du double étalon ne comporte plus la discussion, et qu'elle
soit tranchée en faveur de l'unique étalon d'or par l'impérieuse autorité des faits accomplis. Le système opposé compte cependant en
France quelques partisans qui continuent la lutte avec ardeur. Bien
plus, les influences administratives acquises depuis plusieurs années au *statu quo*, qui est en fait, je ne dis pas en droit, le double
étalon, n'ont pas désarmé. Un économiste spirituel, originaire de
l'Italie, qui semble avoir pris pour modèle un autre Italien homme
d'esprit, l'abbé Galiani, contemporain de Turgot et adversaire de
cet homme d'état supérieur, produit, avec une inépuisable fécon-
dité, en faveur du double étalon, des essais aussi agréables à lire,

mais aussi remplis de paradoxes que ceux où son compatriote d'il y a un siècle combattait la liberté, aujourd'hui complétement victorieuse, du commerce des grains.

En réponse aux champions du double étalon, il y a lieu d'abord de montrer que, contrairement à leurs assertions, ce système n'a pas force légale en France, qu'il n'y subsiste que par abus, car ce n'est pas du tout ce qu'a voulu établir le législateur par la loi du 7 germinal an XI, qui est encore aujourd'hui notre loi fondamentale sur les monnaies. Dès lors la thèse des défenseurs de ce système ne sera plus qu'un fragile échafaudage sans fondations pour le soutenir. Il est possible de démontrer pareillement que la circulation simultanée des deux métaux est en fait absolument impraticable, du moment qu'on prétend établir comme une règle de fer qu'il y aura toujours entre les deux métaux un rapport immuable de valeur tel que celui de 1 à 15 1/2. Or c'est ce rapport immuable qui constitue le double étalon.

Ce dernier fait n'a point échappé à un économiste fort distingué, M. Wolowski, défenseur aussi du double étalon; mais au lieu de s'en laisser ébranler, il a cru qu'il y trouverait un argument à l'appui de son opinion. Acceptant ce que la justesse de son coup d'œil lui prouvait être conforme à la nature des choses, que le double étalon ne pouvait avoir pour résultat, si ce n'est accidentel, la circulation effective des deux métaux à la fois, il en conclut que la France, en se plaçant sous ce pavillon, aurait la circulation d'argent pendant une période durant laquelle l'argent serait en baisse, et où l'or le vaudrait plus de 15 fois 1/2; puis, pendant une autre phase, durant laquelle au contraire l'or vaudrait moins de 15 fois 1/2 l'argent, l'or en prendrait la place. Une oscillation nouvelle ramènerait la circulation de l'argent, et ainsi de suite. Selon lui, ce balancement serait favorable à la sécurité des transactions, en ce qu'il empêcherait les grands écarts dans la valeur des marchandises. Cette conséquence, à son gré infaillible, du double étalon lui semble devoir faire pencher la balance de ce côté. Nous essaierons de prouver que l'espérance de M. Wolowski, au sujet d'une stabilité relative des prix, est loin d'être fondée, et que son plaidoyer en faveur du double étalon ne saurait sauver ce système, frappé à mort qu'il est par la force combinée du raisonnement et des faits accomplis.

II.

La loi de germinal an XI ne fut pas une improvisation; elle fut au contraire le résultat d'une longue élaboration, pendant laquelle on discuta vivement sur ce qu'il fallait faire. Ce fut une gestation qui dura plus de deux ans, quoiqu'elle succédât à des travaux im-

portans échelonnés depuis 1789. Sous la constituante, Mirabeau
avait publié un mémoire (12 décembre 1790) qui impressionna vivement l'assemblée; il tendait à maintenir simultanément les deux
métaux dans la circulation : depuis longtemps, c'était la tendance
générale en Europe. Mais s'il devait y avoir deux monnaies légales,
il ne devait y avoir qu'un seul étalon, il disait *monnaie constitu-
tionnelle :* c'eût été l'argent. L'or aurait été monnayé, tant pour la
satisfaction des besoins généraux, auxquels répondait déjà l'argent,
que pour des besoins spéciaux, tels que celui de faire commodément et rapidement des paiemens considérables, et celui d'avoir
dans les voyages et pour la monnaie de poche des pièces très por-
tatives. Enfin on aurait fabriqué, pour la commodité des petites
transactions journalières, des pièces de cuivre. L'or, comme le
cuivre, eût été subordonné à l'argent. Les pièces d'or et celles
de cuivre eussent été englobées, quoique pour des raisons diffé-
rentes, sous la dénomination commune de *signes additionnels.* Les
pièces d'or nommément auraient passé avec une valeur variable
par rapport à l'argent. Les lignes suivantes de Mirabeau caracté-
risent bien le genre de subordination qui aurait affecté l'or : « les
espèces d'or variant de prix en raison de l'abondance et de la rareté de l'or, elles seront plutôt une marchandise qu'une monnaie,
et l'empreinte servira à rendre authentique la vérité du titre et du
poids, et non à assurer la valeur fixe et invariable de l'espèce. »
Le programme de Mirabeau était complet. Le grand tribun avait
pris la peine de rédiger en détail un projet de loi pour la constitution monétaire, le mode de fabrication des monnaies et l'organisation de l'administration chargée de surveiller ce genre d'industrie, car le monnayage est, à la lettre et dans la force du mot, une
opération industrielle. Les idées de Mirabeau étaient conformes du
reste à celles du célèbre philosophe anglais Locke et d'un autre
écrivain anglais, M. Harris, qui avait fait une étude particulière de
la matière, et Mirabeau ne dissimulait pas l'emprunt qu'il faisait
à ces deux esprits éminens. Locke avait montré, au XVIIe siècle,
la vanité des efforts qui tendaient à avoir dans la monnaie les deux
métaux précieux, si l'on entendait les lier l'un à l'autre par un
rapport permanent. Il sentait que, le rapport entre l'or et l'argent
se dérangeant sans cesse plus ou moins, comme au surplus celui de
deux autres produits quelconques, la valeur des marchandises rap-
portée à la monnaie d'or ne pouvait être réellement la même, si on
la rapportait à celle d'argent, qu'autant que la mobilité du rapport
entre les deux monnaies serait érigée en principe. Voici les paroles
de Locke :

« Deux métaux tels que l'or et l'argent, dit-il, ne peuvent servir au même moment, dans le même pays, de mesure dans les échanges, parce qu'il faut que cette mesure soit perpétuellement la même et reste dans la même proportion de valeur. Prendre pour mesure de la valeur commerciale des choses des matières qui n'ont pas entre elles un rapport fixe et invariable, c'est comme si l'on choisissait pour mesure de longueur un objet qui fût sujet à s'allonger ou à se raccourcir. Il faut donc qu'il n'y ait dans chaque pays qu'un seul métal qui soit la monnaie de compte, gage des conventions, et la mesure des valeurs. »

Sir William Petty avait écrit un peu auparavant :

« La monnaie est la mesure uniforme de la valeur des choses. Le rapport entre l'or et l'argent se modifie selon que les entrailles de la terre offrent à l'industrie humaine plus de l'un ou de l'autre; par conséquent on n'en peut prendre qu'un pour faire de la monnaie. »

Le système de l'étalon unique était donc très clairement en germe dans les écrits de Locke et de Petty et pareillement dans ceux d'autres écrivains anglais dont nous nous abstenons de citer des extraits, notamment de Harris. Les dispositions essentielles du mémoire de Mirabeau ont inspiré en France le législateur et l'administration jusques et y compris les auteurs de la loi du 7 germinal an XI (28 mars 1803).

Les premières lois qu'ait produites la révolution française sur les monnaies furent l'œuvre de la convention. Elles composaient le système des monnaies des deux métaux précieux, indépendamment du billon en cuivre ou en métal de cloche, mais la base du système monétaire était le franc, pièce d'argent qui devait être invariable. On en avait mis le poids à 5 grammes en comptant dans le poids un dixième d'alliage. Sous le directoire, on a fabriqué près de cent millions en pièces de cinq francs sur cette donnée; ce sont les pièces à l'effigie d'Hercule qu'on s'est remis à frapper à chaque retour de la république. On devait aussi avoir des pièces d'or, mais celles-ci étaient subordonnées à l'argent. La pièce d'or aurait pesé 10 grammes et sa valeur eût été fixée par le commerce, ce qui eût laissé la porte ouverte à des contestations dans chaque cas particulier. La monnaie fondamentale était donc bien l'argent. En d'autres termes, c'est à ce métal exclusivement qu'était dévolue la fonction d'étalon, quoique les deux métaux dussent, dans la volonté du législateur, circuler parallèlement. Quant à un rapport fixe entre l'argent et l'or, on en était aussi éloigné que possible. L'incertitude sur la valeur de la monnaie d'or relativement à celle d'argent parut au public un inconvénient tellement grave, qu'aucun détenteur de lingots d'or n'apporta sa marchandise à l'Hôtel des monnaies pour la faire frapper.

Sous le directoire, les deux conseils avaient repris la question dans le dessein d'écarter cette difficulté, mais la machine législative fonctionnait alors très mal. On s'était rallié à la combinaison qui eût consisté dans la fixation semestrielle du rapport entre les pièces d'or et celles d'argent, d'après le cours respectif qu'auraient eu les lingots d'or évalués en argent pendant le semestre précédent. Cette fixation n'eût été obligatoire que pour le paiement des contributions, la solde des employés de l'état et l'acquit des dettes de gouvernement. Les deux conseils législatifs, les cinq-cents et les anciens, quoique d'accord sur le fond, ne surent pas se mettre d'accord sur la rédaction, et l'affaire restait en suspens quand eut lieu la révolution du 18 brumaire an VIII, qui engendra le consulat. Il est bon d'observer que le pays n'était pourtant pas absolument privé de monnaie d'or; il restait une grande quantité de louis de 24 et de 48 livres, pièces d'or de l'ancien régime, qui circulaient régulièrement, quoique n'étant pas en harmonie avec le système métrique, et qui étaient honnêtement fabriquées.

Dès les premiers mois de l'an IX, le gouvernement consulaire voulut résoudre la question des nouvelles pièces d'or. Le ministre des finances Gaudin adressa aux consuls un rapport détaillé où il traitait longuement, non-seulement de ce point spécial, mais de tout le système monétaire. Renonçant à avoir des pièces d'or d'un nombre rond de grammes, il proposa de faire des pièces d'or de vingt francs, portant ce nom gravé sur leur revers, et dont le poids, en fin, serait déterminé par cette règle que le rapport entre l'or et l'argent serait représenté par le nombre 15 1/2, de sorte que, si avec 1 kilogramme d'argent (contenant un dixième d'alliage) on faisait 200 francs, avec le même poids d'or, titrant de même neuf dixièmes, on ferait 3,100 francs. Pour tout le reste, il se tenait sur le même terrain que Mirabeau, la convention et les deux conseils des cinq-cents et des anciens, c'est-à-dire qu'il visait à la circulation simultanée des deux métaux, sous la réserve qu'un seul, l'argent, serait l'étalon. Dans les pièces d'or ainsi faites, Gaudin trouvait l'avantage d'éviter tout débat lors des marchés et des règlemens de compte où l'or figurerait; mais il s'appliquait à faire comprendre qu'il ne considérait aucunement le rapport de 1 à 15 1/2 comme invariable. Il entendait et disait que de temps en temps, lorsque le rapport entre les deux métaux précieux en lingots aurait changé dans le commerce, les pièces d'or seraient refondues afin d'en mettre le poids en harmonie avec le cours comparé des deux métaux, la monnaie d'argent devant être absolument fixe dans sa teneur en métal. L'opinion de Gaudin sur la monnaie est exprimée en termes fort clairs dans divers passages de ses rapports; nous n'en citerons qu'un, suffisant pour lever tous les doutes.

« Le projet du système monétaire que j'ai l'honneur de vous présenter, citoyens consuls, paraît devoir fixer à jamais le prix et la valeur de l'argent : le prix sera à l'abri des progressions qu'il a éprouvées depuis des temps reculés jusqu'à ce moment; son abondance ni sa rareté ne pourront faire changer ni le poids, ni le titre, ni la valeur du franc. On ne sera pas exposé à voir effectuer des remboursemens avec des valeurs moindres que celles qui auront été prêtées; leur dénomination équivaudra à celle de leur poids. Celui qui prêtera 200 francs ne pourra, dans aucun temps, être remboursé avec moins d'un kilogramme d'argent, qui vaudra toujours 200 francs et ne vaudra jamais ni plus ni moins. L'abondance de l'argent ou sa rareté influera sur les objets de commerce et sur les propriétés; leur prix se réglera de lui-même dans les proportions du numéraire, mais l'argent restera au même prix. Ainsi on trouvera dans ce système la stabilité et la justice. »

Le projet de loi inséré dans le premier rapport de Gaudin commence par une série d'articles définissant le rôle attribué à chacun des deux métaux, et dont voici le texte : « Article 1er. L'argent sera la base des monnaies de la république française ; leur titre sera de neuf dixièmes de fin et un dixième d'alliage. — Article 2. Les pièces d'argent seront de 1 franc, de 2 francs, de 5 francs. — Article 3. La pièce de 1 franc sera invariablement du poids de 5 grammes, c'est-à-dire à la taille de 200 pièces au kilogramme. — Article 6. La proportion de l'or avec l'argent sera de 1 à 15 1/2. Un kilogramme d'or vaudra donc 15 kilogrammes 1/2 d'argent. Si des circonstances impérieuses forcent à changer cette proportion, les pièces de monnaie d'or seulement seront refondues. » Ainsi dans la pensée de l'auteur de la loi, Gaudin, comme dans celle de Mirabeau, l'argent est l'étalon. Il y a une pièce d'argent qui contient un poids invariable de métal fin et à laquelle tout se rapporte dans le système. A côté de la monnaie d'argent, composée de pièces de 5 francs et d'un certain nombre de pièces moindres, — les pièces d'argent au-dessous de 5 francs ne sont devenues du billon que sous le second empire, — il y a une monnaie d'or, sans parler des pièces de cuivre, qui sont du billon, mais l'or est subordonné à l'argent, et les pièces qu'on en doit faire seront d'un poids variable selon les circonstances.

Les bases que nous venons d'indiquer étaient admises par tout le monde, le gouvernement, les corps politiques, dont le plus influent était le conseil d'état, la commission des monnaies, corps administratif composé de savans, l'Institut, dont le gouvernement d'alors demandait l'avis dans les cas où sa compétence était notoire. On était unanime particulièrement à vouloir un système monétaire où les deux métaux précieux auraient leur place et seraient également admis à solder toute dette, quel qu'en fût le montant, — c'était le système de deux monnaies légales, — mais on était unanime dans la croyance que les pièces d'un seul devaient être absolument fixes dans leur teneur en métal fin, et, à cause d'une tradition ancienne, non-seulement en France, mais en Europe, on s'accordait à donner cette suprématie à l'argent.

On était alors très fortement préoccupé, et non sans raison, de la nécessité de susciter un obstacle insurmontable aux abus par lesquels l'ancien régime s'était signalé et déshonoré dans ses agissemens concernant les monnaies. On peut dire que depuis saint Louis, qui s'était comporté en parfait honnête homme, tous les rois, jusqu'à Louis XVI exclusivement, avaient altéré les monnaies et avaient été à la lettre et de propos délibéré des faux-monnayeurs. La mobilité du rapport entre les deux métaux précieux avait pu servir de prétexte à ces falsifications tant qu'il n'était pas expressément convenu que les pièces de l'un des deux, et nommément la pièce d'argent appelée la *livre*, était un élément immuable dans le système. Faute d'une précaution de ce genre, on faisait semblant de penser qu'il était légitime, si l'argent avait baissé de valeur, de diminuer le poids des pièces d'or pour qu'elles gardassent leur même relation avec l'argent, et puis, si quelque temps après la valeur de l'or baissait à son tour, de diminuer de même la quantité de métal fin contenu dans les pièces d'argent, et ainsi de suite; si bien que tout le système allait en s'appauvrissant sans cesse, et successivement les pièces de monnaie de l'un et de l'autre métal approchaient de rien. C'est ce qu'exposait très clairement le rapporteur du conseil d'état, M. Bérenger, dans le second de ses rapports. « Avec la disposition, disait-il, qu'ont tous les gouvernemens à affaiblir les monnaies, la valeur la plus basse serait toujours prise pour mesure. On rapporterait alternativement la valeur de l'or à celle de l'argent et la valeur de l'argent à celle de l'or, et on redescendrait du franc au soixante-seizième du franc comme on était descendu de la livre au soixante-seizième de livre (1). » Cette diminution successive du poids des pièces des deux métaux devait rencontrer un obstacle insurmontable dans l'établissement d'une unité monétaire déclarée par la loi invariable dans sa teneur.

La seule contestation à laquelle le projet de loi donna lieu et qui en retarda le vote de près de deux ans, concernait la pièce d'or exclusivement. Elle vint de ce que la section des finances du conseil d'état, chargée de faire la loi telle qu'elle serait présentée au corps législatif, était opposée à ce qu'on fit des pièces d'or de 20 francs, par la raison que c'était un poids d'un nombre de

---

(1) L'abaissement que la livre avait éprouvé dans sa teneur depuis Charlemagne.

grammes brisé : 6 grammes 452 milligrammes. Elle aurait préféré, pour la pièce d'or, un poids fixe en rapport simple avec l'unité de poids, c'est-à-dire un multiple du gramme, dont la valeur en francs eût varié conformément aux variations de la valeur des lingots d'or dans le commerce, comparativement aux lingots d'argent. Quant à faire de l'argent la base du système, l'étalon unique, c'est un point sur lequel elle était aussi ferme que Gaudin. Il y eut dans le cours de la discussion, au sein de la section des finances et entre le ministre des finances et le conseil d'état, une série de rédactions du projet de loi; celle du 13 nivose an x portait : « le franc, c'est-à-dire l'unité monétaire, faite de 5 grammes d'argent au titre de neuf dixièmes, est la mesure invariable de la valeur des monnaies d'or et de cuivre; » une autre, des 4 et 10 frimaire an xi (1), disait : « le franc est la mesure invariable des monnaies fabriquées avec un métal différent. »

Dans le projet définitif qui fut apporté au corps législatif et voté sans modifications par cette assemblée, ainsi que dans l'exposé des motifs accompagnant le projet, sont consignées pareillement, mais sous une autre forme, la suprématie de l'argent et l'adoption de ce métal comme base unique et immuable du système monétaire. Ce projet, plus concis que le projet de Gaudin, — il n'a que vingt-trois articles au lieu de trente-neuf, — s'ouvre par un article intitulé *Disposition générale*, et en dehors du numérotage des autres articles, qui est ainsi conçu : « 5 grammes d'argent au titre de neuf dixièmes de fin constituent l'unité monétaire qui conserve le nom de franc. » Dans cette formule laconique, toute personne compétente reconnaîtra que l'argent est investi, tout seul, de la qualité d'étalon monétaire. Pour qu'il n'y ait pas de doute à cet égard, l'exposé des motifs débute par un commentaire précis de la *disposition générale* et finit de la même manière. Au commencement et à la fin de ce document, on insiste sur l'idée salutaire du *point fixe auquel on ramène toutes les variations de valeur qui peuvent survenir entre les métaux employés à la fabrication des monnaies*, pour la garantie de l'exécution des transactions commerciales, et pour la conservation de la propriété. Ce «point fixe,» c'est la fixité de la composition métallique du franc : 5 grammes d'argent au titre de neuf dixièmes.

Restaient pourtant deux questions : comment procéderait-on si se réalisait le cas, prévu par Gaudin, d'un changement sensible dans le rapport entre les deux métaux? Et en supposant celle-ci résolue, quelle autorité commanderait la mise en pratique de la solution? Sur le premier point, Gaudin n'était aucunement embarrassé; il

(1) C'est-à-dire antérieure de quelques jours seulement à la présentation du projet de loi au corps législatif.

disait que dans ce cas on refondrait les pièces d'or, que ce n'était pas une grande affaire, les frais de refonte n'étant que d'un 1/2 pour 100, soit de 5 millions pour 1 milliard. Et encore il entendait que les frais seraient à la charge des particuliers à qui appartiendraient les pièces. Toutefois on négligea d'inscrire cette disposition dans la dernière édition de la loi, ce qui fut un tort. Quant à la mise en pratique de cette solution, on s'en remettait à la probité et à la sagesse du gouvernement.

L'erreur de Gaudin était de se méprendre totalement sur le nombre des refontes qui seraient nécessaires pour maintenir la pièce d'or, par rapport à celle d'argent, dans une proportion de valeur qui répondît aux cours comparés des lingots de l'un et de l'autre. Le commerce des métaux précieux en lingots et en monnaies était, depuis la révolution, devenu plus libre ou moins asservi, quoiqu'il fût loin d'avoir la liberté légale qu'il a aujourd'hui; mais les restrictions qui atteignaient la manipulation des monnaies étaient abolies. Il s'ensuivait qu'en tant que l'opération dépendait de la France, l'envoi de l'un ou l'autre des métaux précieux d'un pays où il avait moins de valeur dans un pays où il en avait une plus grande, en fondant en lingots les pièces de monnaie, était moins difficile qu'autrefois; par conséquent, la raréfaction de l'un ou l'autre des métaux précieux en France était facilitée aussi. Ce n'était pourtant qu'au retour de la paix générale que le commerce des métaux précieux, monnayés ou en lingots, devait recevoir la plénitude de la liberté.

Gaudin était persuadé, on ne sait pour quelles raisons, que l'or et l'argent, une fois monnayés conformément à la loi à laquelle il coopérait, demeureraient en France indéfiniment l'un à côté de l'autre. Il ne prévoyait pas qu'un changement notable dans l'offre et la demande de l'un ou de l'autre pût survenir prochainement, de manière à déterminer la hausse marquée de l'un par rapport à l'autre, ou, en d'autres termes, la rupture manifeste du rapport de 1 à 15 1/2. Il ne s'attendait pas non plus à une irruption soudaine de l'un des deux par la découverte de nouvelles mines d'une grande richesse. Il avançait donc assez témérairement que la nécessité d'une refonte des pièces d'or, motivée par un écart sensible de ce rapport, dans un sens ou dans un autre, ne se présenterait pas avant une cinquantaine d'années. Il était loin de soupçonner, ce qui arriva pourtant, qu'il assisterait sous peu à une demande de l'un des deux, l'or, assez forte en comparaison de l'offre pour altérer ce rapport, à ce point qu'en conscience, pour maintenir l'or à côté de l'argent, il eût fallu procéder, conformément à sa promesse, à une refonte des pièces de ce métal.

Il y avait du reste un autre expédient, bien plus expéditif, bien

plus commode, auquel il eût été possible d'avoir recours, dans le cas où le rapport commercial des deux métaux viendrait à éprouver une modification notable, et qui eût sans frais rectifié la situation. C'était que, dans ce cas, un acte législatif modifiât la valeur des pièces d'or en francs, l'élevât à 20 fr. 50 cent. ou 21 fr., ou la réduisît à 19 fr. 50 cent. ou 19 francs, selon que l'or aurait monté ou qu'il aurait baissé relativement à l'argent. C'est un procédé auquel on a eu recours en Russie pour les pièces d'or appelées impériales et demi-impériales, sans qu'il soulevât aucune réclamation, parce que c'était motivé par le cours réel d'un des métaux par rapport à l'autre. Pour être mieux en mesure d'utiliser ce procédé, il eût été convenable de s'abstenir d'écrire sur le revers des pièces d'or la dénomination de 20 ou de 40 francs, suppression sans aucun inconvénient, car elle était consacrée par l'usage, puisque les louis de 24 et de 48 livres n'offraient aucune inscription de ce genre. On peut du reste soutenir que l'inscription dont il s'agit n'enlève pas au gouvernement le droit de modifier, comme il vient d'être dit, la valeur des pièces d'or en pièces d'argent. On a sujet de s'étonner de ce que Gaudin, esprit judicieux et pratique, ait répudié cet arrangement.

L'expérience a démontré à plusieurs reprises, depuis la loi du 7 germinal an XI, qu'il est impossible de faire rester l'un à côté de l'autre, dans la circulation monétaire effective, les deux métaux, si l'on pose en principe que le rapport entre eux sera immuable. Nous sommes séparés de l'an XI par trois quarts de siècle environ. Pendant cet intervalle, le rapport des deux métaux dans le commerce a varié en divers sens, et il est résulté trois crises, ou, si l'on veut, trois oscillations qui ont produit trois émigrations successives, tantôt de celui-ci, tantôt de celui-là.

Peu d'années après 1803, l'or a monté assez pour que le rapport de l'or à l'argent fût exprimé par un nombre notablement plus fort que 15 1/2. Un document très digne de foi, le rapport adressé en 1839 par MM. Dumas et de Colmont à la grande commission des monnaies qui délibérait alors, contient un relevé des variations de la relation entre les deux métaux, année par année, depuis 1803. On y voit qu'en 1807 le nombre 15 1/2 est remplacé successivement par 16,228, — 16,190, — 16, et que 16 persiste jusqu'en 1812. L'écart était ainsi de 3 pour 100, tandis que les frais de refonte n'étaient que d'un 1/2 pour 100. L'or s'en allait ou se cachait. On n'en apportait plus au monnayage, et les pièces d'or étaient devenues en France une marchandise faisant prime, qu'on allait acheter chez les changeurs quand on avait à voyager. La circulation se composait exclusivement de pièces d'argent. Ainsi déjà sous le premier empire, et pendant que Gaudin restait ministre des finances, l'espoir de la circulation indéfinie des deux métaux l'un à côté de l'autre, avec les poids respectifs qu'on venait d'adopter pour leurs pièces, se trouvait déçu. Cet état de choses se maintint jusqu'en 1848 avec quelques interruptions pendant lesquelles le rapport des métaux se rapprochait fort de 15 1/2. L'exploitation des mines d'or de l'empire russe avait, à partir de 1825, compensé un peu la modicité de l'extraction de l'or dans les gisemens du Nouveau-Monde. La Russie fournissait, en 1830, environ 6,000 kilogrammes d'or fin, et en 1841 c'était monté à près du double. Mais en 1848 eut lieu la découverte des mines bien autrement productives de la Californie, et trois ans après, en 1851, la même race anglo-saxonne établie en Australie mettait la main sur les mines d'or non moins remarquables de cette contrée. La production de l'or acquit en peu d'années un développement inespéré : tandis qu'au commencement du siècle, à la date même de la loi de l'an xi, l'Amérique rendait 14,000 kilogrammes d'or seulement, sans que la Russie orientale et l'Australie y ajoutassent rien, en 1864 et 1865 l'Amérique en fournissait 83,000 kilogrammes, quantité que la Russie et l'Australie grossissaient ensemble d'un contingent de 118,000, total 201,000, soit quatorze ou quinze fois autant qu'au commencement du siècle. Dans le même intervalle, la production de l'argent n'augmentait que d'un tiers dans les régions accessibles à l'Europe; d'environ 900,000 kilogrammes, elle ne montait qu'à 1,200,000. Les proportions respectives de l'offre des deux métaux étaient ainsi bouleversées. L'or éprouva, par rapport à l'argent, une baisse bien moindre pourtant qu'on n'aurait pu l'attendre, mais qui fut assez marquée pour que l'or pût se substituer en France à l'argent avec rapidité. On nous apportait à monnayer beaucoup d'or et en retour on emportait nos pièces de 5 francs. La France passa ainsi du régime de la monnaie d'argent à celui de la monnaie d'or. Sous le second empire, le monnayage de l'or a été de 6 milliards 152 millions contre 625 millions en argent. Sous le règne de Louis-Philippe, il n'avait été que de 216 millions contre 1 milliard 757 millions en argent. Le public s'applaudit de cette introduction de l'or aux lieu et place de l'argent, par les mêmes motifs qui antérieurement avaient captivé les Anglais, à savoir que les pièces d'or sont d'un maniement plus facile, qu'on en peut porter commodément une certaine somme, et qu'avec elles le comptage prend bien moins de temps. On ne remarquait pas qu'en acceptant ce remplacement sur le pied de 15 1/2 d'argent contre 1 d'or, on se dessaisissait d'un objet de plus grande valeur pour en recevoir un autre qui valait sensiblement moins sur le marché général.

Mais entre temps on avait reconnu dans l'intérieur des terres, derrière la Californie, en l'état de Nevada, des mines d'argent d'une richesse exceptionnelle, surtout le beau filon présentement célèbre sous le nom de Comstock, qui était destiné à produire, après qu'on aurait terminé divers travaux préparatoires d'une grande importance, les mêmes merveilles que le Potosi dans le haut Pérou pendant la seconde moitié du xvie siècle. Pour comble de bonheur, les mineurs californiens, chercheurs infatigables, avaient trouvé à une médiocre distance de ces magnifiques gisemens d'argent une mine abondante de mercure, celle de New-Almaden. On sait que le mercure est le principal ingrédient pour l'extraction de l'argent. Les nouveaux états qui s'organisent successivement sur le versant de l'Océan-Pacifique, pour entrer à titre de membres effectifs dans la puissante union qui compose la grande république américaine, contiennent beaucoup d'autres mines d'argent qui semblent destinées à faire sensation.

Sous l'influence de la proportion forte et ascendante d'argent qui se tire présentement des entrailles de la terre dans cette région, et dont l'importance relative est accrue par une diminution fort appréciable de la production d'or qui avait lieu il y a une dizaine d'années, la valeur de l'argent par rapport à l'or a baissé, mais beaucoup plus que la valeur de l'or n'avait faibli après les découvertes faites en Californie et en Australie et fort au-delà de ce qu'on aurait pu pressentir. Le rapport de l'or à l'argent est devenu successivement 16, puis 16 1/2, et maintenant il dépasse 17, car la baisse de l'argent est d'environ 12 pour 100. Elle a été un moment entre 14 et 15. Depuis l'ouverture du siècle, la dépréciation qu'on avait pu observer dans l'argent relativement à l'or n'avait jamais atteint que le quart de cette proportion. Il est vrai que, conformément aux propositions des délégués de l'union latine réunis en conférence, on a limité l'invasion menaçante de l'argent en restreignant le monnayage des pièces de 5 francs de ce métal dans chacun des états composant l'union, et pour 1876 ce monnayage ne doit pas dépasser 110 millions, mais cette quantité vient presque tout entière se troquer chez nous contre de l'or, avec un beau profit pour qui fait l'opération. Si l'on fût resté complétement inactif, peu d'années auraient suffi pour que les grosses pièces d'argent de 5 francs devinssent ce qu'elles étaient avant 1848, notre unique instrument métallique dans les échanges.

Mais il faut autre chose que ce palliatif. Notre gouvernement a pu croire, — et c'est ce qui excuse ses attermoiemens, — que la baisse de l'argent était un accident dont on verrait la fin prochainement. Dans cette supposition, il attendait, comme le voyageur qui trouve sur son chemin une rivière subitement grossie par un orage et dont le gué est devenu infranchissable, attend que la crue soit passée. L'illusion aujourd'hui n'est plus possible. La baisse de l'argent s'accentue davantage chaque année, et on peut croire que la valeur de l'argent ne se relèvera pas, à moins de la découverte peu vraisemblable de gisemens d'or plus rémunérateurs que ceux qu'on connaît présentement. Dans l'état actuel des choses, la baisse de l'argent a des causes notoires dont l'action ne paraît guère à la veille de cesser. Ce sont, tout le monde le sait maintenant, l'abondance des gisemens et leur richesse, et le perfectionnement des procédés et méthodes employés pour l'extraction des minerais du sein de la terre. En ce genre, on peut citer la substitution de la dynamite à l'ancienne poudre de mine et le percement de longues galeries d'écoulement pour assécher les mines et faire disparaître la gêne causée par les eaux affluentes, — la grande galerie Surro, ainsi appelée du nom de l'homme persévérant et éclairé qui l'a conçue et a réuni les capitaux nécessaires pour l'exécution, en est un bel exemple, du plus grand effet, — puis l'introduction de l'amalgamation à chaud au lieu de l'amalgamation à froid, que tous les mineurs du Nouveau-Monde pratiquaient uniformément depuis qu'elle avait été imaginée en 1557 par Barthélemy Médina, et avec laquelle on dépensait beaucoup de temps et on laissait échapper une trop forte proportion de métal.

Devant ces faits irrécusables, le gouvernement devait modifier sa ligne de conduite. Deux propositions se recommandaient à lui et s'imposaient à sa sollicitude pour l'intérêt public. La première est de présenter une loi pour la cessation de la fabrication des pièces de 5 francs, les seules qui soient réellement de la monnaie d'argent. La seconde consisterait à limiter la somme d'argent qui pourra entrer dans les paiemens à une centaine de francs par exemple, en se réservant de démonétiser plus tard l'argent, ainsi qu'on l'a fait en Angleterre. De ces deux mesures, la première était urgente, la seconde comportait un délai. Le gouvernement, par l'organe de M. Léon Say, ministre des finances, vient de présenter, a l'occasion de l'interpellation de M. de Parieu, un projet de loi moyennant lequel la première pourra être mise à exécution dès 1877.

Il n'est pas superflu de faire remarquer ici que la suppression du monnayage de l'argent, à laquelle le gouvernement vient fort sagement de se décider, ne sera pas un remède d'une efficacité absolue. Certaines éventualités pourraient exiger davantage. Il y a de par le monde une assez grande quantité de nos pièces de cinq francs qui circulent. Il y en a dans le Levant, il y en a dans l'Orient reculé. Il serait possible de nous les rapporter. Si la baisse de l'argent persistait telle qu'elle est aujourd'hui, ce serait lucratif. Or il se peut que non-seulement elle persiste, mais qu'elle s'accentue davantage. Et ce n'est pas tout. Il est à craindre qu'on ne nous en fasse de neuves avec l'argent extrait des mines. On les fabrique-

rait, non comme la fausse monnaie qui ne contient qu'une partie
du métal fin prescrit par la loi, mais fort correctes de poids et
de titre. Ce seraient des pièces pesant bel et bien 25 grammes dont
900 millièmes seraient de l'argent fin. Pourvu qu'elles soient sem-
blables aux pièces sorties de nos hôtels des monnaies, ce qui n'est
pas difficile, il n'y aura aucun moyen de les distinguer, car les
seules différences qui soient à la portée du public, et qui même
pour un métallurgiste soient probantes, sont celles qui existent
dans le titre et dans le poids. Ce sont le poids et le titre qui seuls
font la valeur des pièces de monnaie et en règlent le cours. Le public accepterait ces pièces fabriquées hors des hôtels des monnaies,
les receveurs des impôts feraient de même, forcément. Comment
barrerait-on le chemin à cette irruption, si des spéculateurs la ten-
taient? Y aurait-il un autre moyen que de démonétiser l'argent, à
la manière des Anglais, au lieu de se borner pour quelques années
à restreindre l'admission des pièces de 5 francs dans les paiemens
à la somme de 100 francs? On avisera selon les circonstances; mais
il ne faudrait pas dire que la crainte exprimée ici soit chimérique :
ce genre d'industrie a été pratiqué. On a fait des piastres espa-
gnoles correctes de poids et de titre pour les répandre en Chine,
à cause de l'évaluation exagérée donnée par les Chinois à certaines
catégories de ces pièces. On trouve à ce sujet des détails curieux
dans un écrit de M. Natalis Rondot sur la Chine (article *Pékin* du
Dictionnaire Guillaumin *du Commerce et des Marchandises*).

III.

Revenons maintenant aux argumens et propositions des défenseurs du double étalon. M. Wolowski, remarquant le fait qu'avec le
double étalon, interprété comme il convient par la fixité du rapport
entre les deux métaux précieux, l'effet qu'on obtenait infaillible-
ment était non point la circulation simultanée de l'or et de l'argent,
mais bien la circulation successive, en a bravement pris son parti.
Il y aperçoit, avons-nous dit, l'avantage d'avoir plus de stabilité
dans la valeur des marchandises. Supposons un état qui soit au
régime du double étalon, ainsi compris, aujourd'hui que l'argent baisse par rapport à l'or : cet état, dit M. Woloswki, sera
moins éprouvé qu'un autre où l'on ne reconnaîtrait qu'à l'argent la
qualité de monnaie. En effet, le nouvel argent qu'on introduirait
dans le premier pays, pour le faire monnayer, y trouvant beaucoup
d'or a remplacer, la masse de monnaie n'y augmentera pas notablement, malgré les grands arrivages d'argent, puisque chaque importation d'argent serait compensée par une exportation d'or, que ne
manqueraient pas de faire les importateurs de l'argent. Le montant

de la monnaie restant à peu près le même dans le pays, avec la seule
différence que l'argent serait substitué à l'or, le rapport entre la valeur de l'or et celle de l'argent ne serait que faiblement altéré tant
qu'il resterait de l'or à exporter, parce que l'or servirait de para-
chute à l'argent. Le prix des choses ne serait pas affecté d'une manière sensible. Un pays au contraire où il n'y aurait que de l'argent
verrait la valeur de sa monnaie s'avilir dès la première importation
d'une masse un peu forte de ce métal qu'auraient fourni les mines
nouvelles, et l'avilissement continuerait au fur et à mesure des im-
portations subséquentes. Ce raisonnement n'est que spécieux, car
dans le premier des deux états que l'on compare, celui qui a le
double étalon, le moment viendra après un petit nombre d'années
où, l'or étant épuisé, les arrivages d'argent feront baisser la valeur
de la monnaie, désormais toute composée d'argent; il n'y aura eu
qu'un délai dans l'apparition du phénomène. Ensuite, pour se mettre
dans la situation vraie, il faudrait comparer la France en ce moment non à un pays qui aurait l'étalon unique en argent, mais à
ceux qui ont l'étalon d'or. Enfin il ne faut pas perdre de vue le
dommage, déjà signalé, dont notre régime monétaire actuel nous
menace dans notre commerce extérieur, qui est si vaste.

Il n'est pas hors de propos de se demander si notre position ne
serait pas meilleure dans le cas où nous aurions adopté le système
monétaire anglais il y a dix ans, lorsque le gouvernement ouvrit une
enquête sur cette question. Notre monnaie alors était principalement
et presque uniquement d'or. A Paris, on n'était payé qu'en or quand
on ne l'était pas en billets de banque, et la Banque de France, quand
on lui apportait de ses billets à échanger contre du métal, s'acquit-
tait en or. Malheureusement l'administration a depuis laissé monnayer une certaine quantité d'argent. Notre situation a donc été gâ-
tée; mais elle est encore bonne en ce sens que nous avons dans la
circulation beaucoup plus d'or que d'argent. Il s'agit de savoir si,
par condescendance pour des idées erronées, nous la laisserons em-
pirer et devenir détestable.

Il est vrai qu'on peut dire que le tour de l'or peut venir aussi et
qu'une production surabondante pourrait bien le déprécier un jour.
Théoriquement parlant, l'hypothèse n'est aucunement irréalisable,
mais elle ne prouve pas en faveur du double étalon, car le pays
qui aurait et garderait sa monnaie édifiée sur la base du double
étalon éprouverait, quand arriverait le nouveau phénomène, les
effets de la dépréciation de l'or, de même que, dans la crise actuelle, il souffrirait de celle de l'argent. Les pays à double étalon
sont donc sujets à être atteints et blessés des deux côtés; les pays
à étalon simple ne peuvent l'être que d'un seul. Ainsi de tout point
le double étalon est un mauvais système. Et enfin ce qui convient

le mieux à l'heure actuelle n'est pas de se livrer à des spécula-
tions scientifiques sur ce qui arriverait si l'or éprouvait une forte
baisse dans sa valeur. Nous sommes en présence d'une forte dépréciation de l'argent, dont depuis longtemps on n'avait vu la pareille
ni pour ce métal ni pour l'autre, et qui paraît devoir se prononcer
davantage par la double raison que les nouvelles mines d'argent
semblent n'être qu'à leur début, et que plusieurs pays, qui avaient
une forte proportion de monnaie d'argent, ayant démonétisé ce métal, en versent et vont encore en verser sur le marché de fortes
quantités qui nécessairement l'aviliront, tout comme si c'était l'extraction d'une mine de plus. La question est de savoir si nous fe-
rons les frais de cette décadence de l'argent, qui déjà est profonde.

Abordons maintenant les argumens et propositions de M. Cernuschi. En pareille matière, il n'est pas possible à un grand état, faisant
un commerce extérieur de plusieurs milliards, d'agir seul, indépendamment de ses voisins. Les relations commerciales qui se multi-
plient et s'accélèrent entre les nations civilisées interdisent à toute
nation industrieuse de s'isoler absolument des autres par sa monnaie. Nos rapports commerciaux avec nos voisins seraient faussés,
si nous nous obstinions à maintenir chez nous, en dépit des prix
courans des lingots, la règle arbitraire que 1 kilogramme d'or est
l'équivalent de 15 1/2 d'argent. D'un autre côté, on ne peut se
dissimuler que la tendance générale aujourd'hui est de démonétiser l'argent et d'adopter l'unique étalon d'or, et cette tendance est
très forte chez les peuples les plus civilisés de l'Occident, je veux
dire de l'Europe et de l'Amérique. On a vu plus haut que c'est un
fait déjà réglé par la loi dans la plupart des plus puissans états.

Trop bon observateur pour ne pas se rendre compte de l'impos-
sibilité où est la France de s'isoler, M. Cernuschi fait la tentative
de convertir les autres gouvernemens en général. Il entreprend
particulièrement d'amadouer les Anglais, qui ont une sorte de culte
pour leur système monétaire fondé sur l'étalon unique en or. Il y
perdra son temps, malgré le soin qu'il a pris de faire traduire en
anglais ses écrits récens. Les Anglais, qui sont d'habiles commer-
çans, ne consentiront jamais à introduire chez eux en masse la monnaie d'argent, alors que ce métal est en baisse : ce serait s'encombrer
d'une marchandise dépréciée. Ce qui est peut-être plus téméraire
encore, c'est l'essai de M. Cernuschi pour attendrir l'homme d'Europe sur lequel un effort de ce genre peut le moins réussir, le grand-
chancelier de l'empire d'Allemagne, M. de Bismarck. Il lui remontre
qu'il existe en Allemagne des centaines de millions de thalers en
pièces d'argent, et que ce riche trésor va être déprécié, s'il persiste
dans la démonétisation qu'il a fait prononcer contre l'argent. Si le
prince de Bismarck jugeait utile de répondre aux objurgations de

M. Cernuschi, il est vraisemblable qu'il lui répondrait à peu près
en ces termes : Vous êtes, mon cher monsieur, dans la vérité en
me faisant observer que nous ne pouvons évacuer qu'à perte nos
200 millions de thalers en argent (1): mais, si j'avais le malheur de
me laisser séduire par votre éloquence, ce serait bien pis. Quelque
puissant que je puisse être, je ne puis rien à cette baisse de l'argent, si ce n'est de la subir, sauf à m'appliquer à ne pas accroître
le dommage qui nous échoit. Or, si je vous écoutais, dans peu d'années ce ne seraient pas 200 millions de thalers que nous aurions,
ce serait le triple, et cette masse exorbitante subirait en proportion
le même dommage que nos 200 d'aujourd'hui, sinon un plus fort.
Ce serait donc pour le moins un sacrifice triple. Nous nous trouve-
rions avoir imité ce personnage d'un proverbe français, qui se jette
dans l'eau de peur de se mouiller.

Pour rallier à lui les adversaires du double étalon, M. Cernuschi
présente une théorie de la richesse qui est loin d'être juste. A ses
yeux, la baisse de l'argent, qui est imminente, qui est déjà pronon-
cée, serait une atteinte à la richesse générale du monde. Quand
même cela serait, il n'y aurait qu'à se soumettre, car les moyens
d'y échapper que l'on propose seraient sans effet; mais l'assertion
de M. Cernuschi n'a pas de fondement. Une baisse dans la valeur
d'une marchandise importante, et l'argent mérite d'être qualifié
ainsi, du moment qu'elle résulte d'une production plus abondante
et plus intelligente, n'est pas une perte pour la société. Le fait
qui se présente aujourd'hui d'une forte baisse dans la valeur de
l'argent se manifesta avec plus d'énergie encore, peu après la découverte de l'Amérique. et personne jusqu'ici n'a dit que ce fût un
mal; ce n'en est pas un davantage aujourd'hui.

Pour une nation, la richesse est cette manière d'être où la société
est en possession régulière et constante des objets divers qui ré-
pondent à la satisfaction des besoins de ses membres, non-seulement des besoins de première nécessité, mais aussi de ceux que les
progrès de la civilisation provoquent successivement. Une nation de-
vient plus riche lorsqu'elle possède en plus grande quantité la
grande diversité de ces objets, moins riche lorsqu'elle en a moins.
La France, l'Angleterre, l'Allemagne, l'Europe en général, sont plus
riches aujourd'hui, ou si l'on veut, moins pauvres qu'il y a cent
ans, parce qu'elles ont plus de denrées, et des denrées meilleures
pour s'alimenter, plus de tissus et des tissus meilleurs pour se vê-
tir, plus de combustible pour se chauffer, plus de maisons, et de
mieux bâties et mieux disposées pour se loger, plus de mobilier,

(1) Nous reproduisons ici cette évaluation à 200 millions de thalers (750 millions
de francs), la monnaie d'argent de l'Allemagne, parce que c'est le chiffre mis en avant
par les défenseurs du double étalon ; mais il paraît que c'est le double de la réalité.

plus d'ustensiles de ménage, plus d'objets de luxe et de confort;
plus de champs bien cultivés, plus d'ateliers bien pourvus de ma-
tériel, plus de ce grand outillage qui se compose de routes, de
canaux, de chemins de fer, de ports en bon état, plus de navires,
plus d'établissemens d'instruction perfectionnés, plus de bibliothè-
ques et de musées particuliers ou publics, plus de monumens con-
sacrés au culte ou à d'autres usages.

Le progrès de la richesse s'étend de nos jours à toutes les classes
de la société et spécialement aux classes ouvrières, sous l'influence
d'une double cause : d'un côté le prix de l'immense majorité des
objets diminue, grâce au progrès des arts, qui augmente indéfiniment la puissance productive de l'homme, et d'un autre côté la
rémunération des populations peu aisées de l'Europe va en crois-
sant, de sorte que sous cette action combinée il est possible, même
aux classes les moins riches d'acquérir, en échange de leur salaire,
une quantité de plus en plus grande des objets répondant à leurs
besoins. Dans ces circonstances, le bon marché des divers produits,
ou leur abaissement de valeur en comparaison du prix de la journée, est la preuve d'une civilisation qui grandit, tout comme leur
enchérissement serait la preuve d'une décadence.

Le bon marché et la cherté ayant ces caractères, il faut se félici-
ter de l'un et déplorer l'autre. Ceci s'applique aux métaux comme
aux tissus et aux denrées alimentaires, au métal argent aussi bien
qu'au fer et au plomb. Ce n'est pas à dire qu'il ne fût avantageux
à un individu que la chose qu'il produit ou qu'il détient fût chère
pendant que les autres baissent : il en serait plus riche; mais les
autres en seraient plus pauvres. En 1817, on a vu l'hectolitre de
froment monter à 40 francs, à 50 et même, dans un département,
à 73. Ceux des cultivateurs qui, par exception, avaient fait de
bonnes récoltes, gagnèrent gros; mais au contraire la richesse du
reste de la société fut ébréchée par la nécessité de se nourrir.
Pour les classes les moins aisées, ce fut un désastre.

Si l'argent baisse de valeur, si, toutes choses égales d'ailleurs, il faut
5 grammes de plus pour payer une journée d'ouvrier, 25 grammes
de plus pour acquérir un hectolitre de blé, l'ouvrier, le producteur
du blé, tout producteur en général se procurera plus aisément une
quantité déterminée de ce métal. Les ustensiles en argent ou ar-
gentés seront à la portée d'un plus grand nombre. Cette baisse sera
un bien pour la grande majorité de la société et pour les nouveaux
arrivans dans ce monde. Il est vrai que ce sera une perte pour ceux
qui posséderont une grande quantité d'argent, surtout à l'état de
monnaie, car pour ceux qui auraient de même beaucoup d'orfévrerie
faite de ce métal, la perte sera peu sensible : ils s'étaient procuré
leur vaisselle plate, les ornemens entassés sur leur table ou étalés

dans leur buffet, non pour en faire commerce en les troquant contre
d'autres objets, mais à cause de l'éclat du métal et de la facilité
avec laquelle il se prête à recevoir de belles formes, et ces avan-
tages-là ne seraient pas atténués. Dans l'inventaire de leur fortune,
il y aura quelque diminution répondant à la moins-value de la matière première de ces articles; mais le dommage, peu considérable
en comparaison de la valeur même des ustensiles et décors en argent, devra être accepté par eux comme un accident forcé. C'est la
chance que courent souvent ceux qui descendent le fleuve de la vie
en se transportant dans un temps nouveau avec le luxe d'un temps
passé. Les personnes ou les institutions qui possèderaient de grosses
sommes en pièces d'argent éprouveraient plus de préjudice, parce
que la monnaie d'argent, sauf la retenue de 3/4 pour 100 moyennant laquelle se paient les directeurs des hôtels des monnaies, n'a
pas plus de valeur que le lingot; ce n'est pas comme les splendides
objets où le travail fait les trois quarts de la valeur. Ces personnes
ou ces institutions auront lieu d'être fort mécontentes de la baisse
de ce métal, car elles supporteront le choc tout entier. Assurément
ce sera regrettable, mais quel expédient existe-t-il pour empêcher
cette perte? Il n'y en a pas un qui soit avoué de la raison et de
l'intérêt général. Vouloir, ainsi qu'on le propose, lutter contre la
force des choses par le moyen d'une loi qui éterniserait le rapport
de 1 à 15 1/2 entre la valeur de l'or et celle de l'argent, est une
entreprise chimérique comme le fut la tentative de la convention
de triompher de la cherté par le maximum, comme le sera tout
effort ayant pour but de violenter le courant du commerce. Si le législateur français, alors que la valeur de l'argent est dix-sept ou
dix-huit fois moindre que celle de l'or, décide qu'elle n'est moindre
que dans le rapport de 1 à 15 1/2, il échouera; il se fera passer
pour arbitraire ou ignorant, comme le pauvre roi Louis XVI, lorsque sous le ministère de Turgot il jeta du haut du balcon de Ver-
sailles à la multitude la promesse de mettre le pain à trois sous la
livre, alors qu'il en valait plus de quatre.

L'idée de perpétuer à tout prix un rapport absolument fixe entre
les deux métaux précieux convertis en monnaie est une conception
qui date de peu d'années. Les économistes français à qui elle est
due sont des hommes de beaucoup de mérite assurément. Il n'en
est pas moins vrai qu'elle n'a de justification ni en théorie ni dans
l'histoire. On peut même dire que c'est le renversement des notions
les mieux établies de l'économie politique.

Dans les siècles antérieurs à la révolution française, on voulait,
à peu près dans tous les états indistinctement, monnayer les deux
métaux précieux à la fois et les maintenir dans la circulation l'un
à côté de l'autre. Les gouvernemens trouvaient juste et opportun,

quand il s'était révélé un changement notable dans le rapport de l'or à l'argent, de modifier la proportion entre les poids d'or et d'argent monnayés qui faisaient la même somme et acquittaient la même dette. Le gouvernement anglais, qui s'est comporté beaucoup plus honnêtement que les autres dans les affaires de la monnaie, en a donné plusieurs exemples. Le grand Newton, qui avait l'emploi de directeur de la monnaie de Londres, la seule qui existât dans les trois royaumes, consulté dans des cas pareils, avait donné des avis qui tous recommandaient cet expédient comme le seul qui fût rationnel et efficace pour assurer la circulation simultanée des deux métaux. L'administration avait écouté ses conseils. En France, M. de Calonne, contrôleur général des finances sous Louis XVI, se trouvant aux abois, imagina en 1785 de refondre les monnaies d'or, de manière à tirer du même poids de métal un plus grand nombre de louis de 24 ou de 48 livres. L'opération réussit et procura un profit à l'état, profit légitime parce que en réalité l'argent, juste à ce moment, baissa par rapport à l'or, à peu près dans la proportion adoptée par le ministre. L'entreprise de M. de Calonne était parfaitement régulière, en considérant l'argent comme la matière de l'étalon monétaire.

A peine l'Amérique était découverte, que la reine d'Espagne Isabelle, remarquant que l'or apporté de Saint-Domingue avait changé dans la la Péninsule le rapport entre l'or et l'argent et fait baisser l'or, rendait un édit daté de Medina, en vertu duquel, dans les monnaies, l'or, jusque-là admis sur le pied de 1 contre 11 six dixièmes d'argent, ne le serait plus que sur la base de 1 contre 10 sept dixièmes. Cet édit est de 1497. Il y avait cinq ans qu'on avait débarqué à Saint-Domingue.

La pensée à laquelle se sont souvent conformés les gouvernemens des siècles antérieurs au nôtre, quand le rapport entre les deux métaux avait changé notablement dans le commerce, de transporter dans la monnaie ce changement, par la modification du poids des pièces formant la même somme en pièces d'or et en pièces d'argent, était irréprochable sous la réserve que les variations apportées à la consistance des pièces de monnaie affectassent toujours celles du même métal, en laissant intactes celles de l'autre considéré comme la matière de l'étalon monétaire, ainsi que nous venons de le dire au sujet de l'opération de Calonne en 1785. Ce système n'était pourtant pas exempt de difficultés et d'inconvéniens destinés à s'aggraver dans l'avenir. Il y avait alors une force qui dans une certaine mesure tendait à empêcher les variations des monnaies d'être aussi fréquentes qu'elles auraient pu l'être, si le commerce des métaux précieux, soit monnayés soit en lingots, eût été libre : c'était la législation énormément restrictive à laquelle chaque gouvernement avait soumis l'exportation des espèces monnayées et même des lingots. Cette exportation ne se faisait que par contrebande. Légalement elle entraînait la peine des galères, et même dans certains cas la peine de mort. L'obstacle suscité à l'exportation chez les uns gênait fort l'importation chez les autres. Le gouvernement espagnol, dans les domaines duquel se trouvaient pendant les xvie, xviie et xviiie siècles les principales mines de métaux précieux, outre les lois draconiennes qu'il faisait pour retenir ces métaux chez lui, paralysait la production par les vices du régime politique, administratif et fiscal auquel étaient soumises ses colonies du Nouveau-Monde, qui recelaient ces mines. En outre, dans plusieurs états, notamment en France, les opérations sur les monnaies, telles que la refonte et le triage, qu'on appelait billonnage, étaient interdites très sévèrement. Mais dans le xviiie siècle l'opinion s'accrédita, parmi les hommes éclairés, que le commerce des métaux précieux, au lieu d'être le plus assujetti de tous, devait être le plus libre, et qu'il devait en être de même de la manipulation des monnaies, qu'on commençait enfin à assimiler aux lingots. Moyennant cette liberté, une fois qu'elle serait admise, la nécessité des variations dans les monnaies devait se présenter bien plus fréquemment, si on persistait à vouloir les avoir en circulation l'un et l'autre. Le problème d'effectuer ces variations juste au bon moment et dans la proportion convenable devait, sous le régime de la liberté, devenir complexe et fort embarrassant à résoudre. Il y avait aussi un péril résultant de ce que deux moyens se présentaient quand on aurait à modifier les poids des pièces de monnaie des deux métaux formant un même nombre de livres, à savoir, soit de diminuer le poids de la livre pour l'un, soit de l'augmenter pour l'autre. En profitant de cette alternative au gré de leur cupidité ou de leur situation besoigneuse, de manière à procéder toujours par voie de diminution, en promenant celle-ci de l'un des métaux à l'autre, ce qui assurerait un bénéfice au trésor public dans tous les cas sans exception, les gouvernemens pourraient faire tomber presque à rien la teneur des monnaies en métal fin. Pour parer à ce péril, l'adoption solennelle d'un seul étalon bien immuable offrait un avantage considérable, et ce fut la mesure à laquelle l'Angleterre se décida en 1816, sur un rapport adressé au roi par le premier ministre, lord Liverpool. Pour cette destination, elle choisit l'or, pour lequel la nation anglaise montrait un penchant dont nous avons dit la cause. Quelques hommes éminens disaient en outre qu'avec l'or il y a moins à redouter qu'avec l'argent des variations fortement accusées entre l'offre et la demande. Senior entre autres a soutenu cette opinion. Par la constitution d'un étalon unique, on rentrait d'ailleurs dans la voie tracée antérieurement par Locke,

par Harris, par Mirabeau, je pourrais dire par Aristote. C'était aussi
la pratique archiséculaire d'un peuple dont l'origine se perd dans la
nuit des temps, la Chine ; seulement les Chinois ont fait choix de
l'argent.

Depuis 1816 donc, l'Angleterre a très ouvertement mis en pratique le système de l'étalon unique que le législateur français avait
proclamé, mais elle y a ajouté une clause limitative de la monnaie,
devant laquelle la France avait reculé en l'an XI, l'exclusion de
l'argent de la monnaie proprement dite, en le reléguant dans les
fonctions de billon. En un mot, l'Angleterre a l'étalon unique et
une seule monnaie légale, tandis que la loi de l'an XI, en consacrant
l'étalon unique, reconnaissait deux monnaies légales.

En 1816, alors que l'Angleterre offrit au monde le spectacle de
cette innovation, il y avait un quart de siècle que la France avait
donné l'exemple de supprimer toutes les entraves que l'ancien régime avait accumulées sur les monnaies et les métaux précieux dont
elles sont faites. Le tarif des douanes de 1791 avait rendu libre à
l'entrée et à la sortie le commerce des matières et des espèces d'or
et d'argent. Mais à peine le tarif était voté que le législateur se
trouva en présence des efforts des émigrés, établis à Coblentz et ailleurs, pour faire sortir de France des sommes considérables. On ré-
tablit alors l'interdiction de l'exportation des matières et des espèces d'or et d'argent. Cette prohibition à la sortie dura autant que
la guerre de la France contre l'Europe. En 1814, l'ordonnance du
10 juillet restaura la liberté avec quelques restrictions pour les espèces monnayées, mais la loi de finances du 28 avril 1816 sup-
prima ces entraves. Aujourd'hui le libre commerce des matières et
espèces d'or et d'argent est la loi non-seulement de la France, mais
de l'Europe.

IV.

Le système du double étalon a des désavantages d'une bien
grande portée, indépendamment de ceux que nous avons signalés
déjà et devant lesquels auraient dû s'arrêter, ce semble, dans
leur entreprise les personnes versées dans l'économie politique
auxquelles en revient la responsabilité. C'est qu'il est antiscienti-
fique ; c'est de l'économie politique à rebours. La monnaie est une
marchandise qui dans tout achat s'échange, à titre d'équivalent
exact et loyal, contre une autre, à savoir l'objet acheté. Est-il scien-
tifique, est-il raisonnable, est-il équitable de vouloir faire passer
dans les échanges la monnaie pour plus que sa valeur ? C'est pourtant ce qui aurait lieu à la-lettre tantôt pour un des métaux, tantôt
pour l'autre, si l'on prétendait rendre invariable le rapport de l'un

à l'autre, et par exemple fixer à jamais ce rapport au nombre de
15 1/2.

La conception du double étalon, c'est-à-dire la fixation à 15 1/2
du rapport entre l'or et l'argent, n'est pas plus justifiée au point de
vue des principes que les caprices dont s'éprennent quelquefois les
princes de l'Orient dans le débordement de leur pouvoir absolu;
car enfin d'où vient ce nombre de 15 1/2? quelle base a-t-il? de
quoi s'autorise-t-on pour y fixer *ad vitam æternam* le rapport de
l'or à l'argent? Existe-t-il dans la nature une raison quelconque
pour que ce rapport subsiste et se continue de préférence à un
autre? Est-ce à un degré quelconque une loi naturelle comme celle
en vertu de laquelle la force de la gravitation agit en raison inverse
du carré des distances, ou comme la proportion de dilatation des
corps solides, liquides et gazeux, ou comme la congélation de l'eau
à un degré fixe du thermomètre sous une pression barométrique
déterminée? Personne assurément ne voudrait le soutenir; ce rapport de 15 1/2 est un fait accidentel qui existait en l'an XI quand on
vota la loi sur les monnaies, rien de plus. L'histoire dit-elle que ce
rapport ait existé ou à peu près pendant des siècles? Nullement;
en l'an XI, il datait de quinze ou vingt ans au plus, non sans quelques écarts. On a vu que depuis l'an XI le rapport vrai s'était plusieurs fois écarté sensiblement de cette fixation; mais, si l'on re-
monte dans le passé, la déviation est bien autrement forte. A diverses
époques dans l'histoire, le rapport entre l'or et l'argent a été exprimé
par 10, par 11 et par 12. Il était à 12 environ quand Christophe Colomb découvrit le Nouveau-Monde, et à partir de là le mouvement
général a été l'abaissement de l'argent, avec quelques oscillations
en sens contraire. Si les nombres qui ont exprimé ce rapport avant
Christophe Colomb se présentaient de nouveau, suppose-t-on qu'il
serait possible à l'administration française de maintenir dans le système monétaire de la France le rapport de 1 à 15 1/2? Une autre
hypothèse, qu'il est bien permis de poser à côté de la précédente,
et qui a moins d'invraisemblance, est celle du mouvement inverse,
qui ferait monter le rapport de l'or à l'argent et le porterait à 18
ou à 20. En ce moment, ce n'est pas une supposition déraisonnable,
car nous sommes au-delà de 17; si le filon de Comstock et les
autres filons des états ou territoires de l'Union américaine situés
sur le versant de l'Océan-Pacifique sont ce que s'accordent à dire
les journaux et les lettres de San-Francisco, la période ascendante
n'est pas à son terme.

L'économie politique réprouve le système réglementaire qui sub-
stitue les élucubrations d'un ou de plusieurs employés de l'état aux
tendances spontanées du commerce. Je ne connais pas d'acte plus
ultra-réglementaire que celui par lequel on décréterait que l'or vaut

et vaudra toujours 15 fois 1/2 plus que l'argent. — Mais, dit-on, ce serait utile dans certains cas donnés, cela rendrait des services importans aux peuples civilisés. — Nous contestons ces services importans. Admettons cependant par hypothèse qu'ils dussent être réels, encore faudrait-il que la mesure fût praticable. Il y a des objets qui sont ou paraissent utiles, mais qu'il n'appartient pas à la loi d'ordonner, parce qu'ils sont au-delà de sa puissance. Il serait utile aux populations de l'Europe occidentale que le blé fût constamment à 20 francs l'hectolitre, ni plus ni moins, c'est-à-dire que 100 litres de blé s'échangeassent toujours contre 6 grammes et 452 milligrammes d'or au titre de neuf dixièmes (c'est le poids d'une pièce d'or de 20 francs); imagine-t-on qu'un législateur vienne proposer une loi fixant cette équation entre les 100 litres de blé et les 6 grammes 452 milligrammes du métal? Ce ne serait pourtant pas plus étrange, plus bizarre, plus contraire à la nature des choses que l'équation forcée entre 15 kilogrammes 1/2 d'argent et 1 kilogramme d'or. Prenons un autre exemple où l'analogie est plus visible : comparons l'or non plus au blé, mais à un métal autre que l'argent et encore plus important pour les peuples civilisés, le fer. Il serait utile que 100 kilogrammes de fer première qualité s'échangeassent toujours contre la pièce d'or de 20 francs ou 6 grammes 452 milligrammes d'or à neuf dixièmes de fin; croirait-on au bon sens d'un député qui prendrait l'initiative d'une loi par laquelle cette équation-là serait instituée? Chacun s'écrierait que c'est la quintessence de l'arbitraire. Qu'est-ce alors que d'inscrire dans une loi le rapport fixe de 15 1/2?

Lorsqu'en 1793 la société des Jacobins demanda et la majorité de la convention nationale vota la loi du maximum, les orateurs principaux des jacobins et de la convention croyaient rendre service au peuple français. Le service rendu fut, il faut bien le dire, la destruction du commerce, l'arrêt de la production. Qu'était-ce cependant que le maximum, sinon la fixation arbitraire d'un rapport entre le métal renfermé dans les pièces de monnaie, ou l'assignat, signe de cette monnaie, et l'ensemble des marchandises nécessaires au public? La loi du maximum partait ainsi du même principe que le système du double étalon. Les personnes qui réprouvent la loi du maximum ne peuvent donc approuver le double étalon, et ceux qui seraient pour le double étalon seraient embarrassés de répudier le système du maximum.

Ce qui se passe en ce moment pour l'argent pouvait se prévoir et avait été prédit, il y a trois quarts de siècle, par un savant du premier ordre, à qui l'on doit tant d'observations précieuses sur l'Amérique, Alexandre de Humboldt. Après avoir parcouru la majeure partie du Nouveau-Monde, il avait été frappé de l'immense quantité d'argent qu'on en pouvait extraire, spécialement au Mexique; il avait exprimé son opinion en termes saisissans.

« En général, dit-il, l'abondance de l'argent est telle dans la chaîne des Andes, qu'en réfléchissant sur le nombre des gîtes de minerais qui sont restés intacts ou qui n'ont été que superficiellement exploités, on serait tenté de croire que les Européens ont à peine commencé à jouir de cet inépuisable fonds de richesse que renferme le Nouveau-Monde.

« ... L'opinion que la Nouvelle-Espagne (c'était le nom officiel du Mexique) ne produit pas la troisième partie des métaux précieux qu'elle pourrait fournir dans des circonstances politiques plus heureuses a été émise depuis longtemps par toutes les personnes instruites qui habitent les principaux districts des mines de ce pays. Elle est énoncée formellement dans un mémoire que les députés du corps des mineurs ont présenté au roi en 1774 et qui est rédigé avec autant de sagesse que de connaissance des localités. L'Europe serait inondée de métaux précieux si l'on attaquait à la fois, avec tous les moyens qu'offre le perfectionnement de l'art du mineur, les gîtes de minerais de Bolanos, de Sombrerete, de Batopilas, du Rosario, de Pachuco, de Moran, de Zultapec, de Chihuahua et tant d'autres qui ont joui d'une ancienne et juste célébrité. »

Un observateur éclairé, homme instruit et d'un excellent jugement, M. Saint-Clair Duport, venu quarante ans après Humboldt, a confirmé les dires de ce savant illustre, au sujet de l'abondance des filons d'argent, par des études plus longues.

« Les schistes argileux, talqueux, chloritiques, la diorite, quelquefois des calcaires assez anciens, et plus rarement encore les porphyres, sont sur bien des points traversés par des filons de quartz qui renferment souvent des sulfures métalliques; quand cette circonstance se présente, il est rare qu'on ne trouve pas dans le nombre des sulfures d'argent. Ces formations fort rares, du moins au jour, dans les environs de Mexico, percent plus souvent les masses trachitiques et porphyriques en avançant vers le nord; presque partout où elles se montrent il y a des exploitations plus ou moins importantes; mais, quand on traverse la chaîne principale vers le golfe de la Californie, ce ne sont plus alors des points isolés, c'est toute la pointe occidentale de la cordilière qui est composée de ces roches métalliques, sillonnée des mêmes veines de quartz sur un espace immense. C'est assez dire que les gisemens travaillés depuis trois siècles ne sont rien auprès de ceux qui restent à exploiter. »

M. Duport conclut par ces paroles remarquables : « le temps viendra, un siècle plus tôt, un siècle plus tard, où la production de l'argent n'aura d'autre limite que celles qui lui seront imposées par la baisse toujours croissante de la valeur. » M. Duport n'avait pourtant pas pu pénétrer dans les régions alors désertes qu'on exploite aujourd'hui. Personne, alors qu'il écrivait, ne soupçonnait l'existence du filon de Comstock et de ceux de la même région.

L'histoire de la monnaie dans les monarchies fondées sur les ruines de l'empire d'Occident offre en nombre incroyable des tentatives contraires au bon sens et à l'équité, auxquelles se sont livrés les gouvernemens, indépendamment des atteintes que la monnaie recevait des faux-monnayeurs, qui remplaçaient l'argent par du plomb, et des rogneurs, qui enlevaient une partie de la substance des pièces. Le nombre des souverains qui ont voulu que leurs sujets fussent satisfaits de recevoir un poids d'or ou d'argent inférieur du quart, du tiers ou de moitié à celui qui avait été stipulé et proclamé pour la composition des monnaies, est extrêmement grand. D'autres ont prétendu contraindre les peuples à être payés avec du cuivre au lieu d'argent. C'est ce qu'essaya en 1695 le tsar Alexis; il remplaça l'argent par le cuivre poids pour poids. Il y en a eu qui, non contens du cuivre, ont voulu se servir de morceaux de cuir. Plusieurs ont même entrepris d'y substituer le papier, et à l'heure actuelle il y a bien, soit dans l'ancien, soit dans le Nouveau-Monde, sept ou huit états, monarchies ou républiques, où cette fiction est en honneur. Au commencement et à la fin du xviiie siècle, qui a mérité à plusieurs égards qu'on l'appelât le siècle des lumières, il s'est fait en matière de monnaie des prodiges d'extravagance. Si on lit ce qui se passa sous la régence pendant les quelques années où le système de Law fut imposé à la France, si on passe en revue les édits, déclarations et arrêts du conseil qui émanèrent alors de l'autorité royale, on croira assister à des scènes d'un hôpital de fous, tantôt de fous béats, tantôt de fous méchans et furieux. Dans l'édit de février 1726 par exemple, on trouve la confiscation avec amendes énormes, les galères à temps ou à perpétuité, et même la peine de mort pour des actes reconnus par la législation actuelle comme complétement innocens, et qui même sont utiles à la société. En 1793, ce qu'on fit dans la convention afin de soutenir les assignats, qui baissaient, ne fut pas plus raisonnable ni moins rigoureux; les assignats n'en vinrent pas moins à zéro. Sous le second empire, en 1856, le gouvernement, à l'occasion d'opérations très licites qui se faisaient sur les monnaies, par exemple le triage et la refonte, le commerce avec prime, projeta de ressusciter l'édit de février 1726. Il en publia la menace dans *le Moniteur* du 9 octobre, prétendant que c'était « un dommage fait à la fortune publique, » tandis que c'était juste le contraire. Or voici quelles étaient les peines portées relativement à ces faits par l'édit de février 1726, article 12 :

« Pour la première fois le carcan, la confiscation desdites espèces et

matières, trois mille livres d'amende applicable moitié à notre profit et
l'autre au dénonciateur. Et en cas de récidive les galères à perpétuité;
lesquelles peines auront lieu tant contre ceux qni auront offert ou
donné que contre ceux qui auront marchandé, reçu ou acheté lesdites
espèces ou matières à plus haut prix que celui auquel elles auront
cours (1); et au cas qu'il fût prouvé que lesdites espèces ou matières
auraient été surachetées dans le but de les faire sortir du royaume (2)
ou les fournir aux faux fabricateurs, ils seront punis de mort. »

Des poursuites furent commencées à la suite des menaces portées par *le Moniteur*, mais le gouvernement eut honte du rôle qu'on
lui faisait jouer, et il se désista.

Ce qui est pour le moins aussi fort, c'est que dans le code civil,
qui est un des monumens de la sagesse moderne, il s'est glissé un
article évidemment emprunté à la législation de l'ancien régime sur
les monnaies. C'est l'article 1895 qui suppose que l'autorité a le
droit de changer la teneur des espèces et d'en retrancher une por-
tion du métal précieux, et qui prescrit qu'en pareil cas la personne
à qui antérieurement serait due une somme serait tenue de se con-
tenter des espèces affaiblies, en acceptant comme paiement régu-
lier le nombre de pièces stipulé primitivement. Cette partie du code
civil, promulguée en 1804, est postérieure à la loi des monnaies,
et elle est contraire à tout ce qui s'était dit pendant l'élaboration
de cette loi. Par un oubli bien surprenant, la contradiction, quelque flagrante qu'elle fût, ne fut pas remarquée quand le chapitre
du code civil qui contient cet article fut discuté au conseil d'état et
présenté au corps législatif.

En Angleterre, le gouvernement s'est comporté au sujet de la
monnaie plus correctement que les gouvernemens du continent, car
ceux de ses princes qui ont falsifié les monnaies sont en très petit
nombre, et depuis les violences commises à cet égard par le roi
Henri VIII, pour qui rien n'était sacré, et par son fils Édouard VI,
tout ce qui est sorti de l'hôtel des monnaies de Londres a été
d'une fabrication parfaitement orthodoxe. Cependant l'Angleterre a,
dans le cours même du XIXe siècle, payé sous une autre forme son
tribut d'aberration en matière de monnaies. Quelques années après
que la Banque d'Angleterre eut suspendu (1797) le remboursement
de ses billets en métal, on entreprit d'établir par l'autorité de la loi
la parité absolue entre les billets de banque non remboursables et
les espèces; ce qui était aussi absurde en principe que la parité vou-
lue par la convention en 1793 entre les assignats et les pièces d'or

(1) Cette offre, c'est-à-dire l'achat des espèces à prime, se faisait en 1856 et légi-
timement, pour l'argent. Antérieurement cela s'était fait pour l'or.

(2) Une grande partie des pièces d'argent achetées en 1856 était exportée.

ou d'argent. Il y eut des peines sévères contre ceux qui contreviendraient à la loi. Et la majorité de la chambre des communes, comme si elle eût tenu à honneur de manifester avec éclat le désordre de ses idées en cette affaire, vota le 11 mai 1811 qu'en fait le papier-monnaie était au pair avec l'or, tandis qu'il n'était personne à Londres qui ne sût que c'était faux, et que le gouvernement lui-même achetait chez les changeurs des pièces d'or qu'il payait, avec une forte prime, en billets de banque. La majorité fut de 151 contre 75.

La campagne actuelle en faveur du double étalon peut être considérée comme une réminiscence affaiblie de l'erreur née dans le moyen âge et adoptée ensuite universellement dans les différens états de l'Europe, d'après laquelle l'autorité publique aurait parmi ses justes prérogatives l'omnipotence sur les monnaies. Dans cet ordre d'idées, un prince ou un parlement pouvait méconnaître à l'égard des monnaies le rapport naturel des choses, traiter les pièces de monnaie comme si c'étaient des signes variables de valeur à sa volonté, au lieu d'être des marchandises passant dans les transactions pour leur valeur spontanément et librement établie par le commerce. Selon cette doctrine, il leur eût été loisible de décréter que l'or vaut 15 fois 1/2 l'argent, alors que les faits les plus authentiques constateraient qu'il le vaut plus de 17 fois.

Dieu me garde de songer à comparer aux rois faux-monnayeurs, princes sans scrupule et sans vergogne, tels que Philippe le Bel, Philippe de Valois et Jean, ou que le roi d'Angleterre Henri VIII, les écrivains honorables qui de nos jours préconisent le double étalon et les administrateurs qui font cause commune avec eux. Les rois faux-monnayeurs volaient sciemment leurs sujets; les défenseurs actuels du double étalon sont les plus honnêtes gens du monde, non-seulement désintéressés dans l'affaire, mais croyant rendre un service à la société. Toutefois les conseils qu'on donne aujourd'hui aux gouvernemens, en vertu de la doctrine du double étalon, ont le tort de les pousser à des actes qui seraient, tout aussi bien que ceux des rois faux-monnayeurs, le renversement arbitraire du rapport qui existe entre les métaux servant à faire de la monnaie et les autres marchandises. Aujourd'hui qu'on est plus éclairé, il convient de secouer définitivement ces traditions funestes et par conséquent de repousser le système du double étalon, qui en est le dernier écho. L'autorité, chez nous, est enfin rentrée dans la bonne voie que ses prédécesseurs avaient délaissée. Il faut l'exhorter à y rester et à la suivre avec cette alliance de la fermeté et de la circonspection qui est l'essence des bons gouvernemens.

PARIS. — J. CLAYE, IMPRIMEUR, RUE SAINT-BENOIT. — [077]

www.ingramcontent.com/pod-product-compliance
Lightning Source LLC
LaVergne TN
LVHW021208200726
843510LV00001B/491

9 782329 647760